DE L'IMPRIMERIE DE J. SMITH.

LA CHAMBRE DE 1820

SOLIDAIRE

DE CELLE DE 1815;

Par Th. DELBARE.

C'est à la chambre de 1820 qu'il appartient
d'étouffer le monstre des révolutions.

A PARIS,

Chez Mlle DEVILLE, Libraire, passage Delorme, n.ºs 2 et 4.

PONTHIEU, Libraire, Palais-Royal, galeries de bois, n° 252.

1820.

LA CHAMBRE DE 1820

SOLIDAIRE

DE CELLE DE 1815.

~~~~~~~~

LA Chambre de 1815, tant calomniée par les libéraux, vouloit fermer pour jamais l'abîme de la révolution, où le trône et toutes les institutions monarchiques s'étoient engloutis. Mais le ministère de France eut l'imprudence de le rouvrir par la dissolution de cette chambre, et en appelant à son secours tous les amis de la révolution. Il ne tarda pas à sentir la faute qu'il avoit commise; il crut la réparer en adoptant ce funeste jeu de bascule que le Directoire avoit inventé pour se soutenir, et qui finit par le renverser lui-même. La différence qu'il y eut entre eux, c'est que le Directoire mit dans son jeu une sorte de franchise et de bonhomie
~~~~~~~~

qui tenoit à son inexpérience et à ses vues courtes; et que le ministère du Roi, ou plutôt le ministre dirigeant, apporta dans le sien tout le machiavélisme, toute la duplicité de l'amour propre offensé, qui cherche à se venger, et de l'ambition présomptueuse qui fait consister l'habileté dans la perfidie. Le jeu de bascule fut, pour ainsi dire, le résultat nécessaire de la position du Directoire; aussi faut-il l'excuser, jusqu'à un certain point, de l'avoir adopté; car, pour gouverner autrement, il auroit fallu alors et d'autres hommes et d'autres têtes. Mais ce système, repris en 1816, ne résultoit point nécessairement de la position du gouvernement du Roi; il lui étoit, au contraire, essentiellement étranger. L'autorité royale n'avoit aucun intérêt à ménager, à caresser les hommes de la révolution; elle ne pouvoit tirer aucun avantage de leurs services, parce que leurs services ne pouvoient que tourner contre elle-même. L'autorité royale avoit besoin du secours des royalistes, comme les royalistes avoient besoin d'être secondés par elle. Ce n'étoit pas assez de proscrire les principes, il falloit encore écarter et surveiller les hommes révolutionnaires ; car c'étoit un contre-sens déplorable de paroître renoncer aux doctrines et de rechercher ceux qui les professoient. Il n'y avoit donc que des esprits faux, amateurs de détours, et qui se croyoient politiques, parce qu'ils étoient artificieux, fourbes et sans talens comme sans prévoyance, qui pussent recourir à un système de gouvernement aussi maladroit que dangereux.

Aussi les conséquences de ce système, né en quelque sorte du 5 septembre, ont été telles, qu'il a fallu de nouveaux malheurs pour ouvrir les yeux et faire abandonner une conduite qui nous avoit portés sur les bords du précipice. Les ministres, entraînés par le torrent devant lequel ils avoient renversé les digues qui le retenoient, n'étoient plus maîtres de les relever. Le char de la révolution, replacé au sommet d'un plan incliné, alloit se précipiter un peu plus tôt, un peu plus tard, au bas de la pente, en brisant le sceptre des Bourbons , et en écrasant ceux qui s'y attachoient ; lorsque le poignard de Louvel est venu détromper les dupes, réveiller les insoucians , épouvanter tous les hommes paisibles.

Le ministre qui, depuis quatre ans, travailloit, disoit-il, à *royaliser la nation et à nationaliser la royauté,* croyoit déjà toucher au terme de son triomphe ; il se voyoit au faîte de la puissance, et pensoit avoir terrassé pour jamais le véritable royalisme, lorsque tout-à-coup il est tombé dans le sang du duc de Berri, honteux de sa chute plus encore que de sa mauvaise administration et de ses faux calculs. En vain un titre et une décoration de plus cachent-ils le sang dont il est taché, le temps de sa puissance est passé : il est hors de doute que sa présence dans la Chambre de 1820 , quand même il y reparoîtroit avec un caractère officiel, souleveroit aussitôt la représentation nationale ; un cri d'horreur et d'effroi lui annonceroit soudain que son règne est fini.

Comment se fait-il donc que ces royalistes, qu'on proscrivit en 1816, contre lesquels toutes les feuilles révolutionnaires ont, depuis cette époque, appelé toutes les haines du peuple, se retrouvent aujourd'hui ses représentans ? Comment s'est donc opéré un changement si merveilleux ? Quoi donc ! ce ministère de 1816 ne s'est donné tant de peines, n'a employé tant de moyens de séduction, n'a relevé tant d'espérances tombées au second retour du Roi, n'a, en un mot, prêté tant de force et d'appui au parti de la révolution, que pour se revoir au même point où il étoit au 1.er septembre 1816? Disons mieux ; ses erreurs, ses intrigues, son administration anti-royale autant qu'impopulaire, n'ont abouti qu'au retour de cette chambre introuvable qu'il croyoit évanouie et qu'on n'espéroit plus retrouver ?

Jetons un coup d'œil sur l'année 1819,

qui a fait naître les événemens de 1820, et ramené la Chambre de 1815, et nous verrons que tous les calculs de la politique étrangère et de la politique intérieure ont été trompés. Commençons par les puissances alliées, et ne dissimulons rien.

Il est hors de doute que les signataires de la Sainte-Alliance redoutoient, pour eux-mêmes et pour leurs états, les principes de la révolution françoise, et qu'ils étoient bien résolus à en arrêter chez eux le cours ou la propagation. Ils n'étoient pas assez insoucians pour les y laisser pénétrer, ni assez peu clairvoyans pour ne pas en craindre le triomphe. Mais trop confians dans leur force, ou trop aveuglés par leur étroite politique, ils ont cru que le mal françois ne pourroit rien contre les mesures qu'ils prendroient pour s'en préserver. Ils ont espéré qu'il serviroit admirablement leur ambition en leur fournissant le prétexte de revenir une troisième fois à Paris pour se rendre maîtres de la France, soit en la démembrant comme la Pologne, soit en lui donnant d'autres princes qui ne seroient que leurs vassaux. Avec cette idée, ils ont laissé le feu de la révolution couver sous la cendre, puis se rallumer et menacer la France d'un nouvel incendie.

Jusqu'à l'assassînat de Kotsbue, toutes leurs notes diplomatiques ont été à la louange du gouvernement françois ; ils ont approuvé son système, ils ont encouragé ses efforts, et, pour ainsi dire, récompensé sa conduite. A considérer les choses superficiellement, les souverains avoient raison. Nos ministres servoient mieux leurs intérêts que les nôtres. Ils brouilloient tout chez nous. C'étoit offrir à la Russie et à la Prusse des facilités pour une troisième conquête plus décisive et plus lucrative que la seconde. Ils livroient nos forêts aux agioteurs. C'étoit entrer dans les vues du gouvernement anglois, qui ne voudroit pas voir notre marine se relever, et qui, avec le secours de nos ministres et de nos banquiers, faisoit défricher nos bois.

Mais, pendant que tout sembloit aller à leur gré, pendant qu'ils calculoient peut-être l'année, le mois, le jour, où, après avoir soutiré notre numéraire et renversé tous nos moyens de défense, ils viendroient mettre fin à nos divisions intestines, et frapper indistinctement le libéral et le royaliste, le ministériel et le buonapartiste, on méditoit en Belgique l'assassinat de l'empereur Alexandre, et Sand poignardoit son envoyé secret.

Ces deux attentats éveillèrent tous les souverains du nord. Le roi de Prusse renonça pour toujours à donner une constitution représentative à son peuple. L'empereur d'Autriche fit surveiller les sociétés secrètes et rechercher les écrits révolutionnaires. L'empereur Alexandre, expliquant ce qu'il entendoit par institutions libérales, se déclara l'ennemi des libéraux. D'un autre côté, le gouvernement britannique se vit dans la nécessité de déployer toute la force qu'il a en main contre les radicaux, et de faire pendre les chefs des pétitionnaires armés qui vouloient une réforme parlementaire. Enfin les ministres des souverains se réunirent à Carlsbad, et les souverains à Vienne.

Il n'est pas inutile d'observer quels furent les moyens de répression qui furent adoptés dans ces réunions, et de les comparer avec ceux qu'on employoit en France. C'est l'histoire de notre temps, c'est l'histoire de nos théories et de nos erreurs.

Tandis que chez nous on accordoit la liberté d'écrire aux ennemis des rois et de la religion, la diète germanique et tous les princes d'Allemagne la leur enlevoient : tandis que nous nous jetions tête baissée dans toutes les illusions du système représentatif, les autres souverains de l'Europe revenoient aux principes de l'ancienne représentation des états ; au lieu d'élever à côté d'eux des représentans qui rivalisent et jalousent leur autorité tutélaire, ils rassembloient des députés chargés seulement de faire valoir les titres, les demandes ou les intérêts de leurs commettans. Tandis que chez nous on relâchoit sans cesse les liens moraux qui doivent attacher les sujets au souverain, et les administrés aux administrateurs ; dans les autres contrées du nord, on s'occupoit à les resserrer et à donner plus d'intensité au pouvoir. Tandis que chez nous la conspiration contre le trône légitime procédoit ouvertement et par des voies pour ainsi dire légales, il se formoit à Mayence un tribunal chargé d'informer contre tous les conspirateurs, de poursuivre toutes les menées secrètes des révolutionnaires, et de rechercher tous ceux qui, de près ou de loin, travailloient au bouleversement des empires. Ce qui se passoit en France étoit la cause de ce qui se faisoit dans le nord de l'Europe. Les actes d'hostilités des révolutionnaires avoient nécessité, de la part des souverains, un armement moral que l'obstination des conspirateurs et les progrès de la conspiration devoient faire suivre d'un déploiement formidable de forces matérielles et physiques. C'est ce que je prévis alors et ce que prévirent tous les hommes sensés, et je

dis dans l'*Observateur Royaliste,* dont la ré-
daction m'étoit confiée : «Les révolutionnaires
n'ont pour moyen de succès que le nombre
et la violence; les rois auront pour eux, quand
ils voudront, la force unie à la justice. La victoire pourroit-elle être douteuse? Non ; mais
qu'ils y prennent garde toutefois : le temps
qui est tout pour les révolutions est encore à
eux aujourd'hui ; demain peut-être il n'y sera
plus. »

Dans cet état de choses, j'avois pensé que
le gouvernement françois ne pouvoit échap-
per au sort qui le menaçoit que par une
marche rétrograde et par un coup d'état qui
la lui faciliteroit. J'osai manifester cette opinion dans un journal, mais je soulevai
contre moi toutes les puissances. M. Benja-
min Constant, dans deux longs articles de
la *Renommée,* me fit l'honneur de me donner
raison en se tenant constamment hors de la
question et en me combattant sur un terrain
où je ne m'étois pas placé. Ce fut lui qui me fit
comprendre que j'avois frappé juste au but. Des

confrères royalistes me blâmèrent aussi; mais au bout d'un an ils ont demandé en termes détournés ce que je demandois alors en termes positifs.

Tous les partis parurent donc s'accorder pour rejeter une mesure vigoureuse et décisive. Le président du conseil vint dire à la Chambre que le gouvernement n'avoit pas besoin de recourir à un coup d'état, et qu'il étoit dans l'heureuse impuissance d'en faire un; mais, trois jours après, Louvel porta un coup révolutionnaire dans le sein même de la famille royale, et des généraux espagnols firent un coup d'état populaire contre leur roi, et les révoltés de Naples et ceux de Portugal les ont imités, et le procès de la reine d'Angleterre a été un coup d'essai contre la constitution angloise. On ne voulut pas prendre en France, au mois de septembre, une mesure salutaire qui auroit arraché tout-à-coup le pouvoir aux mains des révolution-naires ; et le grand comité, directeur des insurrections, a fait frapper un prince du sang, a révolutionné l'Espagne, a fait couler des flots de sang en Sicile et en Portugal, et a lancé Caroline sur la Tamise comme un brandon qui devoit mettre en feu tout l'empire britannique.

Les souverains de l'Europe et les adversaires des coups d'état monarchiques ne s'attendoient pas à de pareils événemens ; ils en ont été étourdis. Le gouvernement françois a tremblé ; il a reculé devant ses propres principes. Il a senti qu'une marche rétrograde étoit nécessaire à son salut et à celui de la France ; il s'y est décidé, non par une voie brusque et précipitée qui eût demandé de l'audace et de la vigueur, mais par une voie lente et presque imperceptible, qui supposoit beaucoup de patience et de longanimité, et il en a fait preuve. Certes, les royalistes, malgré tous les torts qu'il eut envers eux, doivent lui savoir gré de la constance qu'il a montrée dans sa lutte contre les turbulens de la dernière session. Cette lutte, quoi qu'en aient dit certains écrivains, quoi que j'en aie pensé

moi-même dans le temps, a tourné au
triomphe de la monarchie et des royalistes;
elle doit être un titre de gloire pour les ministres. Ennemi de l'usage illimité de la presse
pour les raisons que je dirai plus bas, je n'ai
pu qu'approuver l'établissement de la censure.
La censure a arrêté le torrent des écrits séditieux ; elle a, par conséquent, arrêté le cours
du mal. Si elle n'a pas toujours été juste,
ni toujours dans le sens de la monarchie ;
si les censeurs ont paru tenir encore à ce
funeste jeu de bascule suivi pendant quatre
ans, ce n'est point à l'institution en elle-
même qu'il faut s'en prendre, mais à
ceux qui l'ont dirigée. Quelques reproches
qu'on ait à faire aux censeurs, ils ne sont
pas aussi grands que le mal qu'ils ont prévenu. Dans la situation où nous étions, ils
nous ont rendu un service qu'on ne sauroit
trop apprécier. Je parle ici sans intérêt
comme sans flatterie ; je ne connois ni les
ministres, ni les censeurs, et n'en suis point
connu.

Nous venons de voir comment les souverains ont été trompés dans leur politique, comment les événemens ont dérangé les calculs de leur ambition. Ce n'est plus la France seule qu'ils ont à craindre, c'est l'Italie, c'est l'Espagne contre lesquelles il faut s'armer. Le feu est presque aux portes de l'Autriche ; il brûle dans toute la péninsule et menace d'embraser l'Angleterre. Ce n'est donc plus la France qu'il s'agit de démembrer, c'est soi-même qu'il faut préserver de l'incendie. Cette idée suffira sans doute pour donner aux résolutions des souverains une direction plus salutaire, plus noble et plus généreuse.

Nous venons de voir également le ministère forcé de se rattacher aux principes de la monarchie, changer de langage et de conduite, et se ranger du côté des royalistes, qui n'avoient plus d'espoir que dans cette Providence dont le bras protecteur sauva plus d'une fois la monarchie françoise au bord de l'abîme.

Les libéraux étoient les seuls dont les espérances paroissoient le mieux calculées, et dont les succès étoient les plus probables. Un Bourbon de moins étoit déjà un triomphe pour eux. Le comité directeur jugea qu'il falloit profiter de l'étourdissement que le coup de Louvel avoit causé en Europe pour en porter de nouveaux. Des ordres furent aussitôt envoyés en Espagne de commencer la révolution qu'on y méditoit, et le mois de mars n'étoit pas encore fini que Ferdinand VII avoit perdu presque toute autorité. Cette révolution étoit d'autant plus dangereuse et plus menaçante, qu'elle étoit l'ouvrage de la force armée. Mais les calculs des libéraux furent encore trompés, même dans ce nouveau bouleversement : ils avoient espéré que le peuple espagnol, buvant à la coupe qu'ils lui présentoient, s'y enivreroit de toutes leurs fureurs ; le peuple s'est, au contraire, détourné avec dégoût de cette coupe empoisonnée, et la révolution d'Espagne, selon toutes les apparences, sera détruite par les

Espagnols avant qu'elle le soit par les baïon-
nettes des Prussiens et des Russes. Les libéraux n'auront réussi qu'à allumer une guerre
civile dont ils seront les premières victimes.
Le bouleversement qu'ils ont opéré à Naples,
en Sicile et en Portugal, n'aura de même
servi qu'à montrer le danger de leurs principes et à inspirer de l'horreur pour les car-
bonari ; les armes autrichiennes feront justice des uns et des autres, et les Napolitains
auront à déplorer le fatal aveuglement et la
fausse sécurité qui les firent si long-temps
dormir sur le volcan qui les menaçoit. Déjà
les généraux révoltés tremblent à l'idée du
supplice qui les attend ; et, à leur embar-
ras, on reconnoît l'inquiétude que leur cause
aujourd'hui leur criminelle félonie.

La fermeté que le gouvernement françois
déploya au mois de juin contre les agitateurs
déconcerta leurs plans et les rendit plus cir-
conspects. Cependant l'espoir ne les aban-
donna pas : ils attendirent avec non moins

d'impatience que les royalistes l'accouche-
ment de madame la duchesse de Berri. Si
les vœux des bons François n'étoient pas
comblés, les projets des ennemis de la monarchie seroient repris avec plus d'activité et
plusde ce rtitudede succès. Mais, cette fois encore, le ciel a confondu les noirs projets des libéraux, et le salut de la France, celui de l'Europe peut-être, nous est venu d'une jeune princesse victime des révolutionnaires, mais plus
courageuse et plus héroïque que les révolutionnaires ne sont méchans et perfides. Le
moment des élections est arrivé, et les élec-
teurs, hors un nombre infiniment petit, se
sonttousmontrés royalistes, et la Chambre introuvable de 1815 s'est retrouvée six semaines
après l'avénement du duc de Bordeaux.

La Chambre introuvable va donc assister
au baptême de cet auguste enfant, sur qui
reposent tant d'espérances, et qui semble
appelé à de si hautes destinées. Si le duc de
Bordeaux doit régner un jour glorieusement

sur la France, c'est que la Chambre de 1820 lui aura préparé de longue main ce règne de gloire et de prospérité par le retour aux principes monarchiques, par des lois sages, par des institutions telles qu'il convient d'en donner au royaume de France, par la déclaration de principes d'ordre et de justice, et par l'anathême politique dont elle doit frapper les doctrines subversives de l'organisation sociale. Oui, c'est à la Chambre de 1820 qu'il appartient d'étouffer le monstre des révolutions; c'est à elle qu'il est réservé d'achever ce que la Chambre de 1815 avoit si généreusement commencé; c'est à elle à payer sa dette; car la chambre de 1820 est nécessairement, et par le fait, solidaire de celle de 1815.

Qu'a-t-elle donc à faire pour étouffer le monstre des révolutions, pour se libérer de sa solidarité? c'est ce que nous allons exposer.

Donner à la France et à la Charte les institutions qui leur manquent;

Régler l'usage de la presse;

Mettre un terme à nos divisions ;

Offrir à l'Europe une garantie contre le retour des insurrections.

On parle sans cesse des institutions qui nous régissent : le gouvernement les recommande toujours à la sagesse et à l'amour des François. Mais quand on recherche ces institutions , on ne sait plus où les trouver ; on ne voit partout qu'une table rase sur laquelle sont distribués des fonctionnaires civils , militaires, judiciaires, qui, sans changer de place , et à l'aide de quelques formules variées, se trouvent prêts à servir Louis XVIII comme Buonaparte, un président de république comme une pentarchie. Depuis trente ans, la France est comme un échiquier occupé tour à tour par des joueurs plus ou moins habiles, mais qui se servent tous des mêmes pièces. Aussi a-t-elle éprouvé le sort de l'échiquier, celui d'être bouleversée à chaque changement de joueurs. Cela ne pouvoit être autrement sous le règne des révolutionnaires; mais cela devroit être autrement sous le règne d'un prince légitime, et dans l'ordre d'une monarchie fixe.

Le sort des états, ai-je dit dans la *Bibliothèque royaliste,* dépend toujours des principes qui leur servent d'appui. Cette vérité politique est démontrée en France par trente ans d'expérience. Les théories révolutionnaires n'y ont produit que des révolutions ; les maximes de l'usurpation n'y ont causé, après de grandes victoires, que de grands désastres. Le gouvernement que la Charte royale nous a donné, n'a pas été assez défini par la Charte elle-même. Le préambule de cette Charte, et la déclaration de Louis XVIII, datée de Saint-Ouen, ont bien parlé de système de représentation ; mais la Charte n'en a pas dit un mot : elle ne désigne la première Chambre législative que sous le nom de Chambre des députés. De ce silence de la Charte, ou plutôt de cette double définition du système de gouvernement qu'elle consacre, il est résulté que le principe en est vague et indéterminé, et c'est là un plus grand mal qu'on ne pense. Le parti qui se dit libéral s'est efforcé, depuis 1816, de faire prévaloir le principe du gouvernement représentatif, et toutes les idées qu'on y attache, pour en tirer toutes les conséquences qui en découlent, telles que la souveraineté du peuple, l'expression de la volonté générale considérée comme loi, le droit d'insurrection et le droit inhérent à la représentation de suspendre ou de révoquer les rois, qui ne sont que les premiers commis des peuples. Le ministère, les royalistes surtout, ont essayé de restreindre le principe du gouvernement représentatif, afin d'en réduire les conséquences. Les uns ont reconnu dans la Charte un gouvernement représentatif, non dans le sens absurde de la souveraineté du peuple, mais dans le sens monarchique de nos anciennes institutions. Les autres y ont vu la représentation nécessaire des intérêts de toutes les classes de la société. Tous se sont accordés pour faire une distinction, pour admettre une espèce de gouvernement bâtard, avec lequel on croit satisfaire à tout, et triompher de tout.

On a cru sans doute que les esprits françois consentiroient à rester dans les limites du système de représentation qu'on leur prescriroit, et qu'à l'exemple des Anglois, en partant d'un point avoué de tous, ils s'arrêteroient volontiers au milieu de la route. Mais on n'a pas réfléchi que les Anglois ont en général assez de bon sens pour reculer devant de funestes conséquences, et qu'en France, au contraire, les plus terribles conséquences, loin d'effrayer, sont une espèce d'aiguillon qui pousse à les franchir. L'Anglois ne croit pas acheter trop cher son repos par des inconséquences ; car, quoi de plus inconséquent que la conduite du ministère anglois, et même du parlement, avec la déclaration qui mit en 1688 le sceptre aux mains du prince d'Orange? Le François, plutôt que de renoncer à un principe, mettra sa gloire à braver tous les dangers qui l'y conduisent.

Aussi, en examinant toutes les lois qui ont

été faites depuis quatre ans, on a pu voir que le défaut de principe clairement énoncé dans la Charte, l'a rendue un arsenal où tous les partis ont puisé des armes pour se combattre. On l'a vue se prêter à toutes les mesures qui rappeloient les principes révolutionnaires ou qui y conduisoient. Quand elle ne s'y prêtoit pas assez, on la torturoit pour en exprimer ce qu'on y vouloit trouver. Elle a eu le sort de toutes les constitutions qui l'ont précédée. Tous les partis l'ont invoquée ; celui qui la violoit le plus ouvertement l'invoquoit avec le plus de hauteur. Le parti libéral, qui témoigne encore tant de respect et tant de zèle pour elle, l'appeloit, dans les cent jours, un acte émané de l'arbitraire et révocable à volonté. On se ressouvient du mépris dont il la couvroit alors. Qu'on juge de la sincérité de son prétendu respect actuel. On va sans cesse chercher chez nos voisins des exemples ou des autorités pour nous prouver que le système représentatif peut aussi bien nous convenir qu'à eux, et l'on ne veut pas voir qu'en Angleterre le pouvoir absolu s'en sert comme d'un voile qui le dérobe à la nation. C'est le parti de l'opposition qui se charge d'étendre et d'épaissir ce voile. On ne veut pas voir encore que ce système y est du moins appuyé sur des fondemens antiques et vénérables, qui ont été détruits en France, et que le ministère anglois, qui connoît bien sa position, est, par politique autant que par inclination, royaliste dans toute l'acception du mot. On ne veut pas voir que la constitution britannique sera en grand danger le jour où les principes démocratiques de la déclaration de 1688 auront remplacé ceux que la monarchie y a substitués dans la pratique.

Le caractère françois est peut-être celui de tous les peuples de l'Europe à qui le système représentatif convient le moins, surtout tant que ce système ne sera pas clairement défini, tant qu'il n'aura pas un principe fixe et avoué de tout le monde, tant que la Charte ne reposera pas sur des institutions. Quelle est en effet notre constitution politique? Une administration concentrée sur un seul point et dans quelques mains ; des chambres législatives dont le nombre des membres a varié jusqu'ici, comme les lois qu'elles ont rendues ; un gouvernement qui n'a eu dans sa marche rien de ferme, rien de constant ; des élections annuelles dont le mode a été changé trois fois en cinq ans, et qui, chaque année, ont jeté le trouble et la division dans le royaume ; des administrateurs qu'on a destitués, changés, déplacés tous les six mois ; des administrés livrés au caprice des ministres, et sans recours efficace, malgré le droit de pétition, contre leurs injustices ou leurs erreurs.

La révolution a enlevé à la France, à toutes ses provinces, à toutes ses communes, des droits et des libertés que la Charte de Louis XVIII ne leur a pas rendus. Les provinces et les communes ne sont plus que des aggrégations d'individus. Elles n'ont plus d'immunités, de franchises, de corporations, de libertés. Autrefois elles avoient leurs états particuliers, qui avoient l'administration des hôpitaux, des prisons, l'inspection des dépenses des villes, la surveillance et l'entretien des forêts, la garde des bois, la confection et l'entretien des grands routes et des chemins vicinaux ; autrefois l'autorité trouvoit dans ces états particuliers des ressources et un appui. Si quelquefois elle y rencontroit de la résistance, c'étoit une résistance légale, respectueuse, et toujours fondée sur les intérêts communs de la société. Aussi ces états ont-ils plus d'une fois préservé le royaume du despotisme et des empiétemens de l'autorité. Plus d'une fois ils ont aidé puissamment à secouer le joug de l'étranger ou à en prévenir l'invasion. Les états provinciaux, le régime municipal et les corporations étoient les institutions constitutives de notre monarchie. C'étoient ces institutions qui avoient fait de cette monarchie un gouvernement tempéré et non absolu ; le roi et ses ministres gouvernoient ; les états provinciaux

s'imposoient eux-mêmes et administroient,
Louis XVI, quand il voulut introduire dans
la constitution du royaume les améliorations
que la nécessité comme les vœux de ses
peuples sollicitoient également, résolut d'é-
tablir dans toutes les provinces ces états particuliers qui avoient rendu de si grands services à quelques-unes d'entre elles. Il savoit
tout ce que les états, du Languedoc, par
exemple, avoient fait de grand, d'utile et de
généreux pour cette province. Il désira donc
étendre partout nos libertés, et non la liberté, afin de répandre partout le bonheur
et l'aisance.

Sa déclaration du 23 juin 1789 jetoit les
fondemens des institutions politiques sur lesquelles devoit reposer la constitution de la
monarchie françoise. Pourquoi la Chambre
de 1820, éminemment royaliste, ne réclame-
roit-elle pas pour la Charte l'exécution de
cette immortelle déclaration, qui étoit tout
à la fois l'expression des vœux de la France
et de la libre volonté de son roi? Malgré les

bouleversemens opérés par la révolution, les dispositions générales de cette déclaration sont et seront toujours applicables à la France; car elles sont la propriété de la nation. La couronne n'appartient pas plus à Louis XVIII que cette déclaration n'appartient à ses sujets.

Des administrations provinciales ou départementales sagement organisées, un régime municipal fortement institué, contribueroient plus qu'on ne pense à diminuer cet esprit de faction qui se porte tout entier sur la capitale, comme vers le terme de toutes les prétentions et de toutes les espérances. On intrigueroit moins, on conspireroit moins à Paris quand on administreroit en province. Les ministres, moins surchargés de détails, moins obsédés d'importuns, de solliciteurs et de réclamans, gouverneroient mieux, verroient les choses de plus haut, et concevroient, pour la prospérité de la France, de plus nobles desseins. Mieux avertis, mieux secondés par les administrations locales, ils

porteroient des coups plus sûrs à l'hydre révolutionnaire; ils l'atteindroient partout, ils
abattroient ses dernières têtes. Eclairés sur
les menées dévastatrices de cette bande
noire, qui, secondant trop bien les vues des
puissances étrangères, s'en va détruisant partout nos monumens et nos forêts; ils senti-
roient mieux la honte dont se couvre une
nation quand elle laisse détruire tout ce qu'elle
a de vénérable, tout ce qui lui rappelle de
glorieux souvenirs, et à quels dangers elle
s'expose quand elle sacrifie ses moyens de
défense et de conservation à la cupidité des
banquiers ou des agioteurs et à la jalousie de
ses voisins.

Il seroit donc digne de la Chambre de 1820,
disons mieux, il est de son devoir de demander au ministère que la déclaration du
23 juin soit convertie en loi fondamentale de
l'Etat, sauf les modifications que les circons-
tances présentes peuvent nécessiter. Avec
cette loi fondamentale, le principe du gouvernement représentatif sera fixé, et ce prin-

cipe ne sera plus révolutionnaire ; avec cette loi fondamentale, vous aurez un contre-poids et une garantie contre les entreprises du gouvernement, ou contre les usurpations des Chambres ; avec cette loi fondamentale, vos lois d'élection ne seront plus que des lois réglementaires qui découleront naturellement de votre forme d'administration, et ne porteront plus d'atteinte à votre Charte, ni à vos autres lois, ni à votre repos ; en un mot, avec cette loi fondamentale, vous arriverez à un esprit public qui ne sera plus un esprit de faction (1); vous ferez valoir les intérêts de vos communes et de vos provinces, dans lesquels se trouveront nécessairement confondus vos intérêts particuliers. Voilà les institutions qui nous manquent ; voilà celles que vous devez nous donner. Si vous négligez de nous les rendre, la Chambre de 1820 aura le sort de celle de 1815, et la révolution reprendra son cours. A ce premier moyen de

____

(1) Voyez la note à la fin de l'ouvrage.

restauration véritable, il faut en joindre un autre qui n'est pas moins nécessaire; c'est de régler l'usage de la presse.

Depuis qu'on discute les lois et qu'on agite la question de la liberté de la presse, on n'a pu encore résoudre le problême qu'elle présente; cependant rien n'est plus simple aujourd'hui, que tant d'expériences nous ont éclairés. Pour obtenir et pour conserver cette liberté, on a avancé un principe faux qui a cependant paru incontestable; on a dit que la manifestation de la pensée devoit être libre comme elle. Sans doute, la pensée est libre, mais la manifestation de toute pensée ne doit pas l'être. Celui qui a l'idée du crime n'a pas le droit de l'inspirer aux autres; s'il usurpe ce droit, il doit en être sévèrement puni. Ce n'est donc pas la liberté de la presse qu'il faut accorder, c'est l'usage de cet instrument qu'il faut régler. En effet, pourquoi seroit-il plus permis d'assassiner moralement que d'assassiner physiquement? Pourquoi seroit-il plus permis de porter par écrit les

peuples à la révolte et de propager des doctrines politiques pernicieuses, que d'insulter
à la morale, en répandant des livres licen-
cieux et corrupteurs ?

Les empoisonneurs sont punis du dernier
supplice, et ceux qui empoisonnent l'esprit
des peuples par des principes séditieux, en
sont quittes pour une amende et quelques
mois de détention. Cependant la réputation
des citoyens, la sûreté du gouvernement, la
vie politique de la société sont des biens aussi
précieux que la vie des particuliers. On peut
commettre, par la voie de l'impression, des
délits aussi monstrueux contre la morale politique des peuples que contre la religion et
les mœurs. Il faut les punir, dira-t-on; il faut
faire mieux, répondrai-je, il faut les prévenir.

Mais, ajoutent les libéraux et même plu-
sieurs royalistes, la liberté de la presse est
un droit nécessaire dans un gouvernement
représentatif; elle en est comme le palla-
dium. L'usage légal et modéré de la presse,

oui; mais la liberté de la presse en est le
fléau. Quand le gouvernement représentatif
est fondé sur d'autres principes et a d'autres
élémens que la population et l'étendue de
territoire ; quand il repose sur les droits des
communes, sur les priviléges des corporations, sur les propriétés, enfin sur les différens états, dont une société se compose,
l'usage légal et modéré de la presse est
utile, même nécessaire, si l'on veut, parce
qu'il n'est alors qu'un moyen de conservation;
parce que chaque commune, chaque corpo-
ration, chaque état, chaque citoyen ne s'en
sert que pour défendre et ses droits particuliers et les droits communs du gouvernement, qu'il est aussi intéressé à soutenir que
le gouvernement lui-même est intéressé à
donner sa protection à tous. Mais, quand le
gouvernement représentatif flotte dans le
vague ou repose sur de faux principes; lorsque,
sous prétexte de maintenir l'égalité des droits,
il établit une guerre permanente entre l'orgueil et la modestie, entre le savoir et l'igno-

rance, entre la capacité et la présomption, alors la liberté de la presse est un mal, parce qu'elle est un moyen de révolution. Ici les faits parlent encore plus haut que les raison-nemens. Il est trop malheureusement prouvé que, sous le gouvernement représentatif, la liberté de la presse dégénère tout-à-coup en licence, et finit bientôt par la tyrannie. On eut la liberté de tout dire sous l'Assemblée constituante, et sous la Convention toutes les pensées honnêtes furent comprimées, toutes les plumes, hors celles qui étaient trempées dans le sang, furent brisées. On osa tout écrire avant le 13 vendémiaire; après cette funeste journée, on fut proscrit pour avoir tout dit. Avant le 18 fructidor, on usoit large-ment de la liberté de la presse, et, le 19, on fut déporté pour avoir usé de cette liberté. Avant le 5 septembre 1816, on étoit à peu près libre de défendre les principes monar-chiques et de combattre les doctrines révolu-tionnaires; après la dissolution de la chambre introuvable, il n'a plus été permis de le faire

qu'avec des ménagemens et des réticences ; et,
si les résolutions de Carlsbad n'avoient pas
été adoptées en France contre les révolutionnaires, elles l'auroient été un peu plus tard
contre les royalistes. Qu'on nous dise en
effet si les feuilles libérales ne faisoient pas
plus de mal, ne devenoient pas plus domi-
nantes, plus intolérantes que les feuilles
royalistes ne faisoient de bien ; qu'on nous
dise si l'art de la gravure n'étaloit pas alors
des estampes plus séditieuses, plus scanda-
leuses, plus immorales qu'il n'en offre aujourd'hui de modestes et de monarchiques.

Mais, dira-t-on, si la liberté de la presse
n'existe pas, qui signalera les abus de l'administration ? qui osera attaquer les ministres prévaricateurs ? A cela je répondrai
quels sont les ministres prévaricateurs que la
liberté de la presse a fait punir ? quels sont
les abus de l'administration qu'elle a fait
détruire ? Votre droit de pétition lui-même,
dont vous êtes si jaloux, et qui tient aussi à
la liberté de la presse, quelle justice fait-il

obtenir aux citoyens contre le crédit tout-puissant d'un agent de l'autorité? Soyez de bonne foi, convenez que tous vos prétendus droits ne sont que des illusions et des chimères. Mais je vous offrirai une réponse plus satisfaisante : quand vous aurez des administrations départementales et municipales, vous aurez des sentinelles vigilantes qui redresseront les agens de l'autorité. Si les ministres ne les écoutent pas, elles feront retentir leurs plaintes dans les Chambres, et elles y seront plus redoutées et mieux entendues que les pétitions des particuliers. Ces administrations défendront les droits et les intérêts des citoyens auprès de la représentation, comme elles soutiendroient l'autorité contre la représentation elle-même, si elle essayoit d'empiéter sur les droits de l'autorité ; car elles seront le pouvoir intermédiaire qui conservera necessairement le principe de votre gouvernement représentatif. Si les dangers de la liberté de la presse sont si grands, si imminens, comment donc en réglera-t-on l'usage? Établira-t-on une jurisprudence pour les écrivains politiques? Fera-t-on un code pénal où tous les délits seront prévus et définis? Instituera-t-on des tribunaux et des jurés pour prononcer sur tous les cas, et appliquer les peines? Il seroit à souhaiter sans doute que tout cela fût exécutable; si tous les délits politiques commis par la voie de l'impression pouvoient être réduits à quelques chefs, le code pénal seroit aisé à faire, les juges seroient faciles à trouver, et les jurés à désigner. Mais l'esprit ou l'imagination des écrivains peuvent employer tant de moyens divers d'insinuer dans l'esprit de leurs lecteurs des maximes dangereuses et anti-sociales, qu'il faut, en quelque sorte, renoncer à prévoir tous les cas de délits; et je ne vois, pour les prévenir, qu'une censure préalable de tous les écrits politiques. Je voudrois toutefois qu'on fît une loi pour préciser les principaux délits qu'on pourroit commettre contre la morale politique du gouvernement monarchique, tel que les principes désorganisateurs de la souveraineté du peuple, de l'insurrection, de la déchéance d'un roi, et autres semblables. Je voudrois qu'on appliquât à ces délits les peines les plus sévères, non seulement d'argent, mais de prison : en sorte que l'amende ne pût être moindre de 6,000 fr., et la prison moindre de quatre ans ; mais je voudrois que, dans tous les cas, la privation des droits de citoyen ne fût pas moindre de dix ans; il me semble tout naturel d'exclure de la société politique celui qui veut la détruire. Le tribunal qui connoîtroit de ces délits seroit nécessairement la cour d'assises, mais les jurés ne pourroient être pris que parmi les pairs du prévenu ; il est absurde qu'un épicier, par exemple, ou un marchand, soit juge d'un écrivain. Les douze jurés seroient pris, par tiers, dans la classe des jurisconsultes, dans celle des gens de lettres, et parmi les plus imposés du département. Il y auroit quatre jurés de chacun de ces trois ordres de citoyens; ces douze jurés jugeroient toutes les causes semblables qui se présenteroient dans une même session, et changeroient à la session suivante.

Le tribunal de censure seroit établi de manière qu'il fût indépendant, et toutefois responsable des écrits qui seroient condamnés par la cour d'assises. Tout censeur qui auroit laissé imprimer un écrit coupable, seroit révoqué et soumis à une amende qui seroit la moitié de celle qu'auroit encourue le prévenu.

Ces moyens de limiter l'usage de la presse ne peuvent paroître sévères qu'à ceux qui voudroient en abuser. Les royalistes bien intentionnés n'ont rien à redouter, et ne peuvent se plaindre de ces mesures : ils sont sûrs qu'elles ne les atteindront jamais, puisqu'ils n'écriront qu'en faveur du Roi, de la monarchie, de la religion et des bonnes doctrines.

Il conviendroit d'ajouter encore à ces moyens la réduction des journaux, et de supprimer ceux qui, depuis cinq ans, empoisonnent l'opinion publique, soit par leurs mensonges, soit par leurs perfides insinuations, soit par leurs odieuses déclamations. Ces écrivains de mauvaise foi, qui distillent dans le public leur fiel et leur venin, qui appellent sans cesse la haine du peuple sur des classes entières de la société ; ces hommes qui font profession de mépriser tout ce que la France eut autrefois de glorieux et de vénérable ; qui ne crient contre l'ancienne noblesse que pour faire détester les Bourbons qui en sont les chefs ; ces prétendus libéraux méritent-ils des ménagemens ? ménageroient-ils les écrivains royalistes, s'ils étoient les maîtres ? les ont-ils ménagés quand ils ont eu le pouvoir ? Non, sans doute.

Eh bien ! je vous le dis, je vous le répète, on ne parviendra à étouffer les principes révolutionnaires qu'en étouffant les écrits qui les propagent. Tout l'esprit de la révolution respire encore dans certaines feuilles. Supprimez ces feuilles ; indemnisez-en les auteurs, si vous le voulez, mais que ces auteurs ne puissent plus écrire. Renoncez à toute espèce de jeu de bascule ; car c'en est un de permettre que les doctrinaires et les révolutionnaires infestent, tous les matins, l'esprit de leurs lecteurs de leurs dangereuses rêveries, de leur fausse métaphysique et de leur hypocrite patriotisme.

La Chambre de 1820, de concert avec le gouvernement, doit travailler à rétablir en France l'unité de doctrine monarchique. Ils n'y parviendront jamais avec des écrits et des journaux révolutionnaires. Cependant le troisième moyen qu'ils ont à employer pour éteindre le feu de la révolution , c'est de mettre un terme à nos divisions. Ils auront beaucoup fait sans doute en nous rendant nos anciennes institutions , en limitant ou réglant l'usage de la presse. Mais il faut encore qu'ils réduisent le nombre des journaux, en commençant par ceux qui sont les ennemis mal déguisés de la monarchie. Je sais que la lecture des journaux est devenue un besoin pour un grand nombre de citoyens et d'oisifs : mais je sais aussi que c'est là un besoin factice, qui est né de nos discordes et de nos divisions. Voulez-vous diminuer ce besoin ; voulez-vous en même temps mettre fin à nos divisions, faites qu'il n'y ait plus, dans vos journaux, qu'un même esprit qui y domine ; ne laissez-en paroître que de royalistes : on ne se partagera plus entre eux, on n'épousera plus les opinions de l'un plutôt que celles de l'autre ! on les lira sans préférence et sans prédilection ; ou, si l'on s'attache à un journal, ce sera à celui qui montrera plus d'esprit, qui sera mieux rédigé, qui aura, si vous le voulez, plus de modération ; et, dans ce cas, la cause de la royauté ne pourra que gagner. On sera attaché d'abord à ce journal par goût, on y tiendra ensuite par inclination, parce qu'on aura adopté ses idées et ses opinions. On oubliera insensiblement ces feuilles malfaisantes qui alimentoient les haines, qui irritoient les passions ; qui, d'un même peuple, avoient fait deux peuples différens toujours en présence l'un de l'autre, et toujours prêts à en venir aux mains.

Les libéraux, en voyant la Chambre de 1820 se former des mêmes élémens que celle de 1815, ont jeté un cri d'effroi. Ils se sont rappelés aussitôt de la terreur de 1815, non pas de celle qu'ils firent peser sur les royalistes pendant les cent jours, celle-là étoit juste et légitime à leurs yeux, c'étoit par elle qu'ils régnoient, mais de la terreur dont ils furent saisis en voyant leurs principes anathématisés et leurs partisans dépossédés de leurs emplois! Il y eut en effet terreur pour eux, parce qu'ils ne pouvoient plus prêcher librement leur doctrine meurtrière; il y eut terreur pour eux, parce qu'ils craignirent qu'on ne leur demandât compte des maux qu'ils avoient attirés sur la France, et que la France ne les marquât au front du sceau de la réprobation. Je sais qu'il y eut, dans quelques endroits du Midi, des mouvemens de réaction que les royalistes ont blâmés les premiers, mais que les libéraux ont fort exagérés, parce qu'ils les avoient eux-mêmes provoqués dans les cent jours, par des meurtres, des assassinats et des pillages.

Mais je sais aussi que la terreur que les libéraux redoutent n'est pas tout-à-fait celle-là ; c'est celle qui les réduira au silence et les mettra dans l'impuissance de faire le mal ; c'est celle qui leur ôtera les places, les dignités et les emplois ; c'est celle qui mettra en discrédit leurs fausses théories, et qui les convaincra de mensonges et de calomnie. C'est cette terreur-là, en effet, que la Chambre de 1820 doit rétablir par ses lois, afin que là très-grande majorité de la France vive en repos et ne soit plus agitée ni déchirée par des divisions. C'est la terreur que la vertu a coutume d'inspirer aux méchans et aux scélérats, quand elle triomphe, que la Chambre de 1820 doit faire régner ; elle n'aura besoin, pour cela, ni de proscriptions, ni de prisons, ni d'échafauds. Des lois justes et sévères, un gouvernement fort, une volonté ferme, des agens dévoués, voilà tout ce qu'il faut pour le triomphe de la monarchie légitime et pour l'abaissement des révolutionnaires.

Le quatrième moyen de restauration complète est d'offrir à l'Europe une garantie contre le retour des insurrections. Avant de parler de ce moyen, il est nécessaire de prévenir que la garantie que l'Europe a le droit de nous demander, doit avoir un double but : celui d'assurer le repos de la France contre l'ambition des puissances alliées, et le repos de l'Europe contre les principes révolutionnaires de la France. Il nous semble que ce dernier but sera atteint, si l'on adopte franchement et sans restriction les moyens que nous venons de proposer. Mais, à l'égard du premier, il n'est pas inutile d'entrer ici dans quelques considérations qui n'ont pas généralement assez frappé tous les esprits. Ces considérations ont été présentées

dans l'*Observateur Royaliste;* je les reproduirai, parce qu'elles tiennent essentiellement à
mon sujet.

«Pendant trente ans, les excès de l'anarchie,
disois-je dans cet ouvrage, ni les conquêtes
de l'usurpation n'apprirent rien aux gouvernemens de l'Europe sur les principes et les
conséquences de la révolution françoise. Les
rois ne se crurent sérieusement menacés
que lorsqu'ils se virent sur le bord du précipice où les avoient poussés leur imprévoyance et leur incurie. Ils se défendirent
d'abord avec les armes contre des principes
qui étoient plus meurtriers que les armes. Ils
se crurent assez forts pour triompher des
révolutionnaires avec leur vieille politique et
la tactique prussienne; ils firent la guerre à
la France, devenue république envahissante, comme ils la firent jadis à la république de Venise, qu'ils ne surent pas humilier. Chaque souverain apporta, dans la
nouvelle coalition européenne, toutes les
petites vues, tous les petits intérêts, tous

les petits projets d'agrandissement qu'il étoit peut-être permis d'avoir au seizième siècle, mais qu'il falloit fouler aux pieds à la fin du dix-huitième.

» Ce fut à la faveur de cette politique étroite que les doctrines anti-sociales traînèrent Louis XVI sur l'échafaud, et ouvrirent aux armées révolutionnaires les portes de la Belgique, de l'Allemagne et de l'Italie. Les conquêtes et les usurpations de l'Angleterre dans l'Indostan, le démembrement de la Pologne, furent autant d'actes qui contredirent et affoiblirent les maximes de la politique européenne et les armées qui devoient les soutenir.

» A ces causes de succès pour la révolution, l'Angleterre en ajouta une autre : elle consacra, pour ainsi dire, les principes de cette révolution, en introduisant, en Sicile et sur le continent, le système représentatif que Buonaparte attaquoit ou resserroit en France. Cette puissance qui semoit l'or en Europe, qui soulevoit tous les cabinets contre un jacobin, devenu maître des doctrines et des hommes révolutionnaires; cette même puissance répandit sur le continent des fermens d'anarchie ou de confusion, que les autres rois, qui ne voyoient plus dans l'empereur des François qu'un ennemi personnel, laissèrent glisser dans leurs états. Imprudens, qui croyoient leur trône ou leur honneur en sûreté s'ils obtenoient une année d'existence! L'imminence du danger amena enfin une résolution unanime et généreuse; les rois se levèrent tous contre l'usurpateur; les peuples se levèrent avec eux contre le despote : mais personne ne se leva contre les doctrines révolutionnaires; on ne pensa qu'à abattre le tyran, sans réfléchir aux causes qui avoient amené sa tyrannie. On parut cependant vouloir revenir aux idées de l'ordre et de la légitimité, en replaçant les Bourbons sur leur trône; mais comme on sanctionna, en France, presque toutes les iniquités de la révolution, on ne tarda pas à s'apercevoir qu'on n'en avoit que suspendu le cours. Le 20 mars vint apprendre que l'usurpateur, qui s'appuyoit sur elle, ne seroit plus le maître de la diriger ou de l'arrêter à son gré. L'Europe parut, cette fois, comprendre la leçon et vouloir en profiter; mais la prompte victoire de Waterloo abusa les souverains; ils crurent avoir éloigné le danger pour jamais; ils se contentèrent d'une déclaration qu'ils nommèrent fastueusement *Sainte-Alliance*, et s'imaginèrent avoir assez fait pour le repos de leurs peuples et pour la sûreté de leur couronne. Dès-lors chacune des puissances en revint aux idées de sa politique particulière. »

En observant attentivement la conduite des gouvernemens de l'Europe, depuis la seconde restauration jusqu'à l'assassinat du duc de Berri, on ne peut s'empêcher de penser qu'ils ont été d'accord avec le ministère de France pour relever les espérances de la secte révolutionnaire. Les régicides bannis ou les révolutionnaires exilés ont trouvé de la protection, des secours et des places dans les Pays-Bas. Le gouvernement prussien a long-temps flatté les novateurs d'un changement dans la constitution de la monarchie; et les Prussiens, nourrissant toujours contre nous des désirs de vengeance, croient encore à une troisième invasion, et s'attendent à venir bivouaquer de nouveau dans la cour des Tuileries. Les petits souverains d'Allemagne ont adopté le système représentatif qui les précipitera dans les bras des illuminés et les rendra plus tard la proie des grandes puissances (1). L'empereur d'Autriche, plus sage

(1) Tous ces états qu'on a voulu révolutionner avec des constitutions angloises, au futur profit des grandes puissances, sont comme ces maisons voisines d'un incendie qu'on se hâte d'abattre pour couper le feu et prévenir un plus grand embrasement. Mais il y a cette différence entre le feu physique et le feu révolutionnaire, que le premier s'éteint faute d'alimens, et que le second, plus subtil, se nourrit de lui-même, et, franchissant des distances immenses avec la rapidité de l'éclair, court incendier les deux mondes. On ne veut pas comprendre cette vérité, dont l'évidence frappe les yeux. La plupart

que tous, n'a paru songer qu'à réparer ses pertes et à ramener l'ordre et l'abondance dans ses états. Père de la femme de Buonaparte, il n'a montré aucune envie d'épouser sa querelle; mais l'empereur de Russie, plus adroit, plus fin, plus ambitieux, n'a cessé de tout préparer pour le succès de ses vastes desseins. Il s'est montré d'abord partisan du libéralisme, et a donné à la Pologne une constitution à l'angloise. Pour soutenir cet essai, il a mis insensiblement sur pied une armée de huit cent mille hommes; il a levé des régimens de cavalerie dans un nombre hors de toute proportion avec celui des autres états. Ses parcs d'artillerie semblent destinés à faire la conquête du monde. Son alliance avec le roi des Pays-Bas; sa politique à l'égard des étrangers qu'il accueille à sa cour, et dont il fait autant de ministres ou d'ambassadeurs; son influence secrète sur les délibérations de certains cabinets, tout doit

des gouvernemens de l'Europe, loin d'être au-dessus de leur siècle, ne sont pas même à son niveau.

faire craindre que ce potentat, dont tous les échos de l'Europe répètent l'éloge, appuyant un de ses bras sur l'Escaut et l'autre sur la mer Caspienne, n'ait adopté les projets du sénat romain, et ne pense sérieusement à assujétir l'univers. Dans quelques années, ses flottes disputeront à l'Angleterre le trident de Neptune. On sait déjà jusqu'où elles ont pénétré. Le vaste empire de Russie est d'autant plus redoutable qu'il offre dans son sein tous les moyens matériels de conquérir la terre et de devenir maître des mers. Si l'on n'y prend garde, il sera encore l'*officina gentium;* il retrempera l'Europe dans le sang, et il en renouvellera les peuples ; il chassera les Anglois de l'Inde, et portera sa demi-civilisation sur les bords du Gange.

D'un autre côté, la politique des Anglois est de conserver à tout prix ses immenses possessions et l'empire qu'elle a sur la mer ; mais ils paroissent craindre plutôt la France, malgré l'état d'abaissement où elle est, que la Russie avec toutes ses forces menaçantes.

Les Anglois connoissent toutes les ressources de notre sol, toute l'activité et le génie des François ; ils savent que cette France s'est toujours relevée plus riche , plus florissante et plus forte, après ses défaites et ses revers. Aussi voyez avec quelle avidité ils s'empressent de miner nos ressources ou de les épuiser. Lisez le Mémoire au Roi, que M. le comte de Thieffries-Bauvois vient de publier sur la conservation des forêts, et vous jugerez quelle importance ils attachent à arracher nos bois. Vous verrez avec quel zèle nos banquiers libéraux , qui vantent tant leur patriotisme ,. secondent le gouvernement anglois en y portant une cognée destructive.

Si les puissances de l'Europe ont besoin d'une garantie contre nos principes révolutionnaires, nous n'en avons pas moins besoin contre leur politique et leurs desseins. Eh bien! c'est dans nous-mêmes, c'est chez nous que nous trouverons cette double garantie. Les puissances de l'Europe ne sont pas réellement nos amies, et ne peuvent pas l'être tant qu'elles s'en tiendront à leurs idées d'agrandissement, ou de vengeance , ou de rivalité. Les libéraux, qui se montrent parmi nous si insolens et si fiers contre les rois d'Europe , sont leurs plus ardens auxiliaires et leurs amis les plus dévoués. Ces hommes qui, dans leurs discours, font voir tant de bravade contre eux , les recevroient demain à genoux aux portes de Paris, s'ils leur amenoient un roi qui ne fût pas un Bourbon; ils les béniroient, ils entonneroient pour eux des chants héroïques. Les plus grands ennemis de l'indépendance de la France et de sa prospérité sont donc dans son sein : en les réduisant au silence, en les mettant dans l'impossibilité de remuer le peuple , de souffler le feu de la discorde, de tramer des conspirations, de propager leurs doctrines pernicieuses , nous ôterons aux étrangers un prétexte pour venir exécuter leurs projets de démembrement, ou nous imposer d'autres maîtres. En leur ôtant ce prétexte, nous leur offrirons donc une garantie contre le retour des insurrections, et nous en obtiendrons une pour nous-mêmes contre leur politique ambitieuse, ou contre leur vengeance, ou contre leur rivalité, ou contre les trois à la fois.

Lorsque Louis XIV, après une suite de revers, demandoit la paix à l'Europe, les alliés exigèrent, pour condition, qu'il convoqueroit périodiquement les états-généraux de France. Pourquoi tenoient-ils à cette clause, si ce n'est parce que, jugeant bien le caractère françois, ils espéroient que la périodicité de ces assemblées seroit pour nous une source de divisions et d'affoiblissement qui nous empêcheroit de nous rendre redoutables et nous feroit descendre au rang de puissance secondaire; et pourtant alors la France avoit toutes ses institutions; elle n'étoit plus exposée aux divisions des grands que l'immortel Richelieu avoit abattus. Toute la force publique étoit dans les mains et dans la volonté du monarque :

des factieux n'auroient osé se montrer sous le règne de Louis XIV. Les alliés n'avoient pas à espérer que des banquiers françois seroient assez traîtres à leur pays pour leur livrer les forêts de l'État. Les ministres du grand roi étoient, quoi qu'en disent aujourd'hui nos libéraux, trop patriotes et trop François pour se prêter à un trafic aussi honteux ; il y avoit de la grandeur dans les esprits comme il y en avoit dans le monarque. Les banquiers d'ailleurs n'étoient ni des séditieux, ni des puissances : la force morale de l'État n'étoit pas encore établie sur leurs coffres.

Les alliés comptoient cependant beaucoup sur cette condition, si Louis XIV y avoit consenti ; autrement quel intérêt auroient-ils eu à vouloir régler la forme de notre gouvernement ? Que leur importoit que nous eussions des états-généraux assemblés, ou que le roi fît des lois sans eux ? Mais ils savoient qu'un peuple divisé est moins redoutable. Ils se rappeloient des états-généraux de 1353; ils se rappeloient, surtout les Anglois, combien les libéraux de ce temps, tels que l'évêque Lecoq, le prévôt Marcel et Charles de Navarre , avoient été utiles à leurs vues ; combien ces prétendus amis de la liberté étoient les amis du gouvernement anglois, et les ennemis de leur propre patrie. Ils espéroient donc, à la faveur de la périodicité des états-généraux, qu'il se rencontreroit de nouveaux Lecoq, de nouveaux Marcel, qui jetteroient le trouble dans Paris, qui feroient assassiner la noblesse dans les provinces, et mettroient la France hors d'état de s'opposer à leurs entreprises.

La Convention , résistant cent ans plus tard à toutes les forces de l'Europe, et le Directoire, renversant les plus anciens états, ne peuvent être opposés avec succès aux espérances des alliés, parce qu'il y a, chez les peuples, des momens de fièvre violente qui leur donnent l'apparence d'une force irrésistible. Mais ces mouvemens n'ont qu'un temps, et cette force ne renverse tout devant elle que quand celles qu'on lui présente sont divisées et sans accord. Si Buonaparte n'étoit pas venu, au 18 brumaire, concentrer dans ses mains toute la force de la révolution, il est très-douteux qu'elle eût triomphé du génie de Suwarow, déjà trahi par les intrigues ou les lenteurs affectées du cabinet de Vienne.

Mais Buonaparte, qui jugea alors l'état des choses, pensa comme les alliés unis contre Louis XIV. Il vit que la continuation des divisions ne pouvoit être que funeste à la France. Il ferma la bouche à ces factieux qui, du sein des Chambres, répandoient au loin l'esprit de discorde; il les rendit muets. Tout se tut, et, pendant quatorze ans, Buonaparte marcha de victoire en victoire.

Lorsque nous avons vu le gouvernement anglois jeter pour ainsi dire à la tête de tous les peuples son système de représentation, on a dû l'accuser ou d'un grand orgueil, ou d'une grande perfidie; d'un grand orgueil, si c'étoit parce qu'il ne voyoit pas de constitution plus parfaite que la sienne, et qu'il vouloit y soumettre tous les autres peuples; d'une grande perfidie, si, connoissant tous les vices qu'elle renferme, il la donnoit à des nations qui n'avoient pas, comme lui, les moyens d'en tirer de grands avantages politiques; dans ce dernier cas on pouvoit dire :

...,...Timeo Danaos et dona ferentes.

Il est difficile, en effet, de supposer au gouvernement anglois assez de générosité pour offrir aux autres une forme de gouvernement qui les feroit arriver à un degré de prospérité égal à celui dont il jouit. Les Anglois savent bien que leur constitution a des fondemens antiques, et tient à des institutions qui n'existent pas, ou qui n'existent plus chez leurs voisins; ils savent bien que leur constitution, si on en prend pour base la déclaration de 1688, n'est guère différente de la constitution de 1791 ou de celle de 1793, dont le préambule consacroit l'insurrection, la souveraineté du

peuple, et le droit de changer la maison ré-
gnante. Ce sont donc les sémences de l'anarchie et des révolutions que les Anglois jettent
chez une nation quand ils y établissent un
parlement.

Pour nous, à qui la Charte a départi une
forme de gouvernement semblable, nous
devons nous hâter d'en rectifier ou d'en
corriger l'esprit. Il ne seroit pas inutile,
selon moi, que la Chambre de 1820 fît une
déclaration solennelle de notre droit public,
et que cette déclaration, qui foudroieroit
toutes les doctrines révolutionnaires, fût
convertie en acte législatif, approuvé par la
Chambre des pairs, sanctionné par le Roi,
enregistré dans tous les tribunaux, et que
tout fonctionnaire civil et judiciaire seroit
tenu de jurer comme article de foi politique
avant d'entrer en fonctions. Les doctrines
anti-sociales ont tant fait de mal qu'il est devenu nécessaire de replacer la société sur ses
véritables bases, en les remettant sous les yeux

et dans les esprits de tous ceux qui gouvernent ou qui administrent.

Cet acte législatif, solennellement proclamé et juré, seroit la plus belle garantie que nous pussions présenter aux alliés et opposer à nos ennemis intérieurs. Il contribueroit puissamment à établir cette unité de doctrine monarchique dont je parlois plus haut, parce qu'il seroit comme l'exposé de la morale politique du gouvernement et pour ainsi dire comme la religion civile de l'état; il seroit enseigné dans toutes les écoles de France. Personne ne pourroit obtenir de grades dans les académies, ni dans aucune faculté, sans avoir déclaré qu'il fait profession de cette religion civile.

La France, délivrée des fausses doctrines, libre et tranquille à l'ombre du trône et de ses lois, n'inspirant plus aucune terreur aux étrangers, n'auroit plus rien à craindre d'eux; car elle redeviendroit assez forte, assez florissante pour se faire respecter; elle remonteroit bientôt au rang de puissance de premier ordre.

Il seroit toutefois à désirer, pour que la paix et l'union se conservassent toujours dans l'intérieur, que les sessions législatives ne fussent pas d'une trop longue durée, et que les élections se fissent en totalité tous les cinq ans; des élections partielles et annuelles sont des causes de mouvement et d'agitation qui ne peuvent manquer de nuire au repos de l'état. Les longues sessions des Chambres usent les ministres, elles leur font perdre trop de temps, et souvent elles les déconsidèrent; elles ne sont utiles qu'à ceux qui aiment à parler et à briller par des discours. Mais des orateurs, qui parlent pendant six mois de l'année, finissent par dégoûter le public, tandis qu'il faudroit au contraire que le public ne vît partir les députés qu'avec une sorte de regret.

J'ai, ce me semble, rempli la tâche que je m'étois imposée. J'ai dit comment la Chambre de 1820 étoit solidaire de celle

de 1815 ; et comment elle doit acquitter sa
dette ; tout ce qui se passe autour de nous ,
tout ce qui nous environne; le passé qui nous
a effrayés, le présent qui est moins menaçant,
et l'avenir qui est incertain ; tout fait un devoir à la Chambre de se prononcer promptement et avec énergie contre les principes révolutionnaires , et de s'interposer entre les
rois alliés et les bandes de factieux pour
arrêter et rassurer les premiers , pour
contenir et renverser les seconds. J'ai fait
voir qu'elle rempliroit ce double devoir en
nous rendant nos antiques institutions , en
réglant ou limitant l'usage de la presse , en
mettant fin à nos divisions, en offrant enfin
à l'Europe une garantie contre le retour des
insurrections. Que les députés royalistes se
pénètrent donc bien de l'importance de leur
mission ; qu'ils aient sans cesse à l'esprit le
point où ils sont et celui où ils doivent arriver ;
le présent et l'avenir dépendent de leur cou-
rage et de leur fermeté , les destinées de la
France sont entre leurs mains ; qu'ils s'unis-

sent aux ministres, et que les ministres s'unissent franchement à eux pour sauver la monarchie légitime et la civilisation en général. L'esprit de la secte révolutionnaire a fait de grands ravages, il a fait au corps social des blessures profondes. La Chambre de 1820 est appelée à réparer les uns, à sonder et à guérir les autres. Il n'y a plus de jeu de bascule praticable. Il faut être aujourd'hui ou tout royaliste ou tout jacobin. Il n'y a plus d'*ultrà* ni d'un côté ni de l'autre; les deux extrémités de la révolution sont aujourd'hui aux prises, ceux qui en ont souffert ou qui l'ont sincèrement abandonnée, et ceux qui l'ont parcourue dans toutes ses phases pour en profiter, ou qui l'ont embrassée avec chaleur par calcul ou par égarement. Il faut que le combat se termine cette année entre la légitimité et l'usurpation, entre la monarchie et la démocratie, entre les principes conservateurs de l'ordre social et les systèmes désorganisateurs, entre la vérité et le mensonge, entre la fermeté et l'audace, entre la bonne foi et la perfidie; en un mot, entre la vertu et le crime. Il s'agit, pour la société, d'être ou de n'être plus; car, si la révolution triomphe, les sociétés actuelles seront noyées dans un bain de sang, jusqu'à ce qu'il s'en forme d'autres qui étoufferont sous leurs fondemens les criminels destructeurs de l'ancien monde civilisé.

Chambre de 1820, pensez au miracle qui a rendu à la France le duc de Berri si lâchement assassiné; pensez à l'héroïque princesse que le ciel a si évidemment protégée; et, par la naissance du duc de Bordeaux, jugez quels prodiges vous êtes aussi destinés à opérer, vous dont la réunion est déjà elle-même un prodige. Si vous êtes fidèles à votre mission, si vous savez comprendre et votre position et celle de vos ennemis, la France est sauvée, la monarchie est assurée, et l'Europe réconciliée avec vous renoncera à ses projets d'envahissement et vous rendra son estime. Chambre de 1820, le monde a les yeux sur vous, soyez donc le salut du monde!

NOTE

SUR L'ESPRIT PUBLIC,

ET

SUR LES OPINIONS VRAIES

ET LES OPINIONS FACTICES.

Quand un gouvernement n'a point de principe fixe, ou qu'il perd de vue celui qu'il avoit, l'esprit public s'affoiblit, l'opinion n'a plus de règle, et l'esprit de faction substitue les opinions factices aux opinions vraies.

Trente ans de révolution ont donné à cette proposition tout le degré de certitude qu'on pouvoit désirer. Il n'y a guère de vérité politique qui soit aujourd'hui mieux démontrée. On ne parla jamais tant d'esprit public, d'opinion publique, d'esprit du siècle, d'opinions vraies et d'opinions factices, que lorsqu'on eut confondu tout cela ensemble. Avant que des écrivains politiques ou philosophes se fussent avisés de faire l'opinion et de la diriger d'après leurs propres idées, on parloit moins d'opinion publique, et il y en avoit davantage. Prise dans le sens ordinaire, cette opinion étoit, depuis long-temps, toute formée et toujours à peu près invariable, parce qu'elle reposoit sur les idées d'ordre et de justice, qui sont elles-mêmes le fondement de la morale. Cette opinion étoit connue de tout le monde, et personne ne cherchoit à la définir : elle étoit sévère, inexorable, et l'on craignoit assez généralement d'encourir ses anathêmes. Quand on disoit d'un homme qu'il s'étoit perdu dans l'opinion publique, cela vouloit dire qu'il avoit manqué aux lois de la probité ou de l'honneur; et, dans ces temps où l'opinion publique n'étoit pas un vain mot, il falloit une grande force d'esprit pour rester insensible aux marques de ce mépris public. Sous ce rapport moral, il est incontestable que l'opinion publique existe partout ; mais il y a des temps où elle est si foible, qu'à peine la peut-on reconnoître. Dans toute société politique où vous verrez le vice obtenir les mêmes égards, les mêmes honneurs que la vertu, prononcez hardiment qu'il n'y a plus là d'opinion publique : c'est ce qu'il faut dire de toute cette longue période, qui a été marquée par l'absence de l'autorité légitime.

Si nous envisageons cette opinion publique, sous le rapport des connoissances humaines, il est évident qu'elle ne se forme qu'avec le temps, qu'à l'aide de l'expérience, et qu'elle se restreint au petit nombre du monde savant. Ce n'est que lorsqu'un fait ou une idée nouvelle a acquis l'assentiment unanime des savans, que ce fait ou cette idée nouvelle fait partie de l'opinion publique. C'est ainsi que les lumières s'étendent lentement, et peu à peu se propagent et éclairent un plus grand horizon.

Sous le rapport de la politique, l'opinion publique se forme aussi de l'expérience, et le cercle dans lequel elle roule est peut-être encore plus petit : c'est un très-grand mal d'élargir ce cercle, parce qu'alors l'opinion publique se perd et ne peut plus être reconnue. Les innovations forment les partis, et les partis donnent pour opinion publique ce qui n'est que leur opinion particulière : il y a alors diversité d'opinion dans le public, et le public n'a plus d'opinion. Combien de fois, dans nos débats politiques, n'ai-je pas entendu répéter cette phrase qui marque si bien l'absence de l'opinion publique : *Pour moi, je n'ai point là-dessus d'opinion :* parole qui étoit ou l'aveu de l'ignorance, ou l'aveu de la foiblesse, ou la preuve d'un entêtement mal déguisé ; car ceux qui s'exprimoient ainsi n'en restoient pas moins attachés au char de la révolution.

Il est difficile, sans doute, de reconnoître l'opinion publique au milieu des factions et des discordes civiles : ce n'est pas le temps alors de la chercher. Si je voulois la trouver en France pendant les trente dernières années, je me placerois à une époque où les dissensions n'auroient pas encore éclaté. Quoiqu'il soit peu probable qu'une nation, déjà tourmentée du désir de changer sa position, soit assez calme pour avoir des idées saines et vraies en fait de gouvernement, je n'hésiterois cependant pas à reconnoître l'opinion publique dans les vœux et les désirs qu'elle auroit manifestés à la veille de l'incendie qui alloit la dévorer. Je ne craindrois pas de me tromper beaucoup, parce qu'alors la masse de la nation étoit de bonne foi, et que ceux qui s'apprêtoient à devenir chefs de faction couvroient leurs criminels desseins du voile de l'opinion. Je verrois donc la véritable opinion publique en France dans les assemblées qui précédèrent les états-généraux de 1789. C'est là que le vœu national fut librement et spontanément manifesté. Ce vœu étoit tout à la fois l'expression du sentiment et le résultat d'une expérience de quatorze siècles. Depuis 1789, je ne vois plus, en France, qu'une opinion publique factice, qu'un esprit public tour à tour comprimé et dirigé par des factions, et des idées fausses et corrompues remplaçant d'anciennes idées saines et vraies. Mais s'il n'y a plus d'opinion publique dominante en France, il y a une force d'inertie qui en tient lieu; tous les partis, toutes les factions, toutes les opinions viennent se briser contre elle : il y a un sentiment public jusque dans les factieux eux-mêmes, que l'ambition précipite les uns sur les autres, et qui, pleins de mépris pour leurs anciens complices, ne peuvent refuser leur estime à ceux qu'ils punissent d'avoir su se préserver du poison de l'innovation.

Si vous me demandez comment l'opinion publique se forme et comment elle se corrompt, je vous dirai qu'elle se forme par le temps et l'expérience, et qu'elle se corrompt presque toujours par les gouvernemens. Un gouvernement violent la comprime ; un gouvernement foible ou insouciant la laisse dévier, et prépare ainsi sa corruption ; mais un gouvernement ferme et modéré la maintient dans sa pureté et la fortifie. Le devoir des gouvernemens est de se mettre à la tête de l'opinion pour la diriger ; et rien ne leur est plus facile avec des institutions appropriées au peuple ou identifiées avec lui par un long espace de temps. Si le gouvernement détruit ces institutions, ou s'il ne les rétablit pas quand elles sont détruites, et qu'il manque lui-même de principe fixe, alors l'opinion publique se détériore promptement ou ne peut reprendre son empire. Les turbulens, les brouillons parlent d'opinion publique, d'esprit public, et s'efforcent de donner leurs visions, leurs systèmes chimériques pour le progrès des lumières. Ils appellent esprit du siècle ce qui n'en est que la maladie ; car les siècles ont aussi leurs infirmités comme le corps humain, et les fureurs qui marquent certaines époques de l'histoire, sont comme les paroxismes de ces maladies.

Ce n'est donc pas toujours un signe de sagesse, une preuve de raison que de s'abandonner à l'esprit de son siècle. Quoi de plus ridicule que les disputes scholastiques des thomistes et des scotistes ? c'étoit pourtant être dans l'esprit de leur siècle que d'y prendre part. Quoi de plus imprudent et de plus cruel que d'embrasser avec ardeur toutes les idées de la réforme au quinzième siècle? c'étoit pourtant être dans l'esprit de ce siècle que de secouer tout-à-fait et avec violence le joug de la cour romaine. Le plus bel éloge qu'on pût faire autrefois d'un grand homme, étoit de dire qu'il avoit été supérieur à son siècle : il semble aujourd'hui que le *maximum* de la gloire soit d'être au niveau du sien ; il semble que ce soit faire preuve de sagesse et de raison que de suivre, dans le dix-neuvième siècle, cet esprit que tant de désastres et de calamités ont rendu si fameux.

Mais, dit-on, tout est révolution dans la nature ; il faut bien s'abandonner au torrent. Tout est révolution, sans doute ; mais il y a les révolutions du temps et les révolutions des hommes ; celles du temps sont lentes et douces ; elles emportent insensiblement les siècles, les générations, les systèmes, les lois, les mœurs, mais laissent toujours au peuple la morale et les idées d'ordre, de justice, de propriété. Les révolutions des hommes se font, au contraire, avec violence : aidées de la fureur d'innover, et soutenues de toutes les passions nées de l'orgueil, elles bouleversent les sociétés jusque dans leurs fondemens ; et, après avoir imprimé partout la trace profonde de leurs ravages, elles viennent elles-mêmes expirer sous les efforts cachés du temps, et ne laissent dans la mémoire des hommes que le déplorable souvenir des maux qu'elles ont faits.

De tout ce que nous venons de dire, il faut conclure que l'opinion publique n'est point dans les partis, mais dans les idées d'ordre et de justice communes à toutes les classes, plus particulièrement à la classe éclairée de la nation ; et que cette opinion publique acquiert plus de force et plus d'étendue, en proportion de la sagesse, de la fermeté et de la morale du gouvernement : il faut conclure que l'esprit public, s'appuyant tout à la fois et sur l'opinion et sur le gouvernement, trouve sa force dans l'une, sa confiance dans l'autre, et devient presque toujours un sentiment capable des efforts les plus généreux. Il faut encore conclure que les opinions vraies sont celles que le temps a sanctionnées ; et que les opinions factices sont le produit des innovations que l'intérêt particulier veut substituer de force aux opinions anciennes.

Les opinions vraies, une fois établies peuvent, avec le temps, éprouver quelques légères modifications, mais jamais d'altérations sensibles : c'est parce qu'elles sont immuables qu'on peut aisément les distinguer des opinions factices ; les opinions vraies forment la véritable opinion publique; elles la maintiennent dans toute sa pureté, elles facilitent l'action du gouvernement, elles entretiennent la tranquillité et garantissent la liberté des citoyens. Les opinions factices, au contraire, tendent toutes plus ou moins à troubler le repos des peuples, soit en attaquant la morale publique ou la morale privée, soit en ébranlant, par des sophismes, par des principes téméraires ou par des secousses trop brusques, le gouvernement que la main réformatrice du temps doit seule corriger, modifier ou réformer.

Les opinions vraies sont inhérentes à la partie saine d'une nation : les opinions factices, sous quelque dehors séduisant qu'elles apparoissent, deviennent presque toujours des brandons de discorde, des leviers de révolution, et des armes dans les mains des factieux. Les opinions vraies

n'admettent les innovations qu'avec réserve et
circonspection ; les opinions factices les font rece-
voir avec violence ; les opinions vraies se con-
servent plus long-temps chez un peuple qui a le
gouvernement le mieux approprié à ses mœurs, à
son climat, à ses institutions, à son esprit, à son
caractère, et aux doctrines qu'il a anciennement
adoptées ; les opinions factices trouvent plus aisément et plus promptement accès chez une nation
dont le gouvernement est mobile, inconstant,
sans principe fixe, et le plus exposé par sa forme
au choc des passions et au jeu des révolutions.
Enfin les opinions vraies tendent sans cesse et sans
bruit à se répandre et à se fortifier ; les opinions
factices, au contraire, présomptueuses comme le
sentiment qui les fit naître, brusquent tout et
veulent triompher de tout ; mais le temps, qui
résiste à leurs efforts, punit cruellement les
peuples qui s'y abandonnent ; il les force presque
toujours, après une lutte plus ou moins longue,
plus ou moins terrible, à revenir aux opinions
vraies qu'ils ont méconnues.